Para

Rosie e Isaac

*(mi hija favorita
y mi hijo favorito)*

Puedes consultar nuestro catálogo en www.picarona.net

Tierra se toma un descanso
Texto e ilustraciones: *Emily House*

1.ª edición: mayo de 2024

Título original: *Earth Takes a Break*

Traducción: *Júlia Gumà*
Maquetación: *El Taller del Llibre, S. L.*
Corrección: *Sara Moreno*

© 2020, Emily House
2020, Imaginary House
Derechos de traducción gestionados a través
de S. B. Rights Agency-Stephanie Barrouillet
(Reservados todos los derechos)

© 2024, Ediciones Obelisco, S. L.
www.edicionesobelisco.com
(Reservados los derechos para la lengua española)

Edita: Picarona, sello infantil de Ediciones Obelisco, S. L.
Collita, 23-25. Pol. Ind. Molí de la Bastida
08191 Rubí - Barcelona - España
Tel. 93 309 85 25
E-mail: picarona@picarona.net

ISBN: 978-84-9145-728-2
DL B 5.367-2024

Impreso en Gràfiques Martí Berrio, S. L.
c/ Llobateres, 16-18, Tallers 7 - Nau 10. Polígono Industrial Santiga
08210 - Barberà del Vallès - Barcelona

Printed in Spain

TIERRa SE ToMa un DESCaNSO

por Emily House

Picarona

Érase una vez, hace no
mucho tiempo, Tierra estaba
extremadamente enferma.

Sus síntomas empeoraban
más y más cada año, así que
decidió ir al médico.

—¿Qué problema tienes? —le preguntó el doctor
cuando Tierra tomó asiento en su consulta.

—Bueno, llevo una temporada
sintiéndome un poco mal
–respondió Tierra.

»A veces me siento tan caliente
como una patata ardiendo
y me cuesta mucho respirar.

»No puedo recordar la última vez
que sonreí. Si te soy sincera,
también me siento un poco angustiada.

—Ya veo..., pareces un poco indispuesta.
Vamos a hacerte un chequeo
–dijo el médico.

El médico le tomó la temperatura
a Tierra.

—Mmm... –dijo.

Le auscultó la respiración.

—Mmmmmmm –volvió a decir.

Entonces le tomó la presión arterial.

—¡Madre mía! —murmuró—.

No estás bien. ¡No estás,

para nada, bien!

Garabateó con determinación en un bloc de notas.

—Vas a tomarte esto diariamente durante cuatro semanas seguidas

y te asegurarás de completar el tratamiento.

Tierra miró el papel.

—Gracias —dijo—. Pero no puedo entenderlo.

¿Qué dice?

—Descanso —contestó el médico con

firmeza—. Tienes que descansar, por lo menos, durante cuatro semanas.

Tierra estaba tentada de reírse ante esa idea alocada, pero el médico parecía

que era un hombre bastante bueno, así que no quería parecer maleducada.

En vez de eso, dijo:

—Eso es imposible. No puedo hacerlo.
Todo el mundo me necesita.

—Y ésa es razón de más para tomarte
un descanso –concluyó el médico.

Frustrada, Tierra arrugó la
nota. Por mucho que deseara
descansar, no veía la forma de
conseguirlo cuando los
humanos le exigían tanto.

Después de una noche sin poder dormir,
Tierra se despertó al día siguiente con
una extraña sensación de calma.
No había coches en las carreteras...

...no había aviones en el cielo...

... y no había gente en los parques,

ni en las montañas ni en las playas.

NO HABÍA NADIE.

EN ABSOLUTO.

EN NINGUNA PARTE.

Lo mismo pasó al siguiente día, y al día siguiente a ése también. Tierra estaba muy confundida. De repente, un pajarillo azul apareció desde las nubes.

—¿No lo has oído? –pio (el pajarillo azul era siempre el primero en saberlo todo)–. Los humanos están enfermos. Les han dicho que tienen que quedarse en casa durante todo un mes. ¡Por fin podemos tener un respiro!

—¡No me lo puedo creer! –respondió Tierra–. ¡Esto es justo lo que me ha ordenado el médico!

—¡Y yo puedo tener todo el cielo para mí! –dijo el pajarillo azul revoloteando feliz.

En el transcurso de los siguientes días,
Tierra disfrutó de la paz y la
tranquilidad. Dio paseos por el campo.
Se relajó con libros y construyó puzles
de más de mil piezas.

Hasta experimentó con
tratamientos de belleza caseros; y,
a medida que las semanas pasaban,
su salud iba mejorando poco a poco.

Las nubes grises se disiparon y
volvió a ver el cielo azul de nuevo.
Llevaba tanto tiempo escondido que
había olvidado lo hermoso que era.
Los árboles florecieron
y danzaban contentos
con el viento.

Las plantas crecieron
altas y fuertes...

...y los animales eran libres de vagar, como siempre solían hacer.

Tierra notó que respiraba mejor y que tenía la cabeza más fría.

Se sentía mejor de lo que se había sentido en años

y eso era absolutamente maravilloso.

Finalmente, dejaron que los humanos salieran de nuevo. Tierra estaba contenta. Aunque no siempre eran buenos con ella, los había echado de menos.

Los humanos también la habían echado
de menos, mucho más de lo que esperaban.
No podían creerse lo bien que se veía, y su tiempo
de confinamiento les había hecho darse cuenta de
que no la habían estado tratando bien.

—Lo sentimos muchísimo, Tierra –decían–.

Sabemos que hemos hecho que enfermaras

y queremos cambiar nuestros hábitos.

Haremos todo lo posible por cuidar de ti.

Escuchar eso hizo que Tierra se llenara de esperanza y les regaló una sonrisa radiante y fantástica.

—Muchas gracias –les dijo–. Aún sigo un poco débil. Necesitaré toda la ayuda que pueda obtener.

Y a partir de ese día, los humanos trabajaron juntos para cuidar a Tierra como nunca antes lo habían hecho.

Por supuesto que aún seguían cometiendo errores (¡solamente eran humanos, después de todo!) y ya era demasiado tarde para solucionar algunas cosas, pero hicieron todo lo que pudieron para ser buenos amigos de Tierra, que era lo único que ella siempre había querido.

NOTA DE LA AUTORA

Este libro ha sido escrito, ilustrado y completado en dos semanas, cuando todo el mundo estaba viviendo el confinamiento. La ansiedad de mi subconsciente significaba que durante muchas noches no conseguía dormir. Las palabras llegaron a mí el 8 de abril de 2020 a las 2 de la madrugada, y decidí que si mi cerebro no me dejaba dormir, usaría ese tiempo para dibujar e intentar sacar esta historia al mundo lo más rápido posible. Estaba muy agradecida de tener este proyecto que me mantenía distraída, ocupada y creativa durante ese tiempo tan surrealista.

También estoy enormemente agradecida a mi marido, Rob, a mis hijos, Rosie e Isaac, y a mi suegro, Simon, quienes vivían conmigo mientras estaba trabajando en este proyecto y era aún más distraída y antisocial que de costumbre. Fueron muy pacientes, comprensivos y me iban abasteciendo con té y ¡chocolate! También quiero dar las gracias a mi madre y a mi padre (que siempre han sido mis mayores y más leales admiradores), así como a mis encantadores amigos del grupo de crítica SCBWI Western Cape y a Ali y Brad de Imagnary House Publishers. Estas maravillosas personas me han dado un *feedback* y una orientación increíbles, asegurándose de que este libro fuera lo mejor posible en el corto plazo de entrega. Agradezco mucho contar con una red de apoyo tan maravillosa. Por último, gracias a todos y cada uno de los que apoyaron mi proyecto de Kickstarter y me permitieron imprimir este libro. ¡Un sueño hecho realidad! Gracias por creer en mí.

El 10 % de los beneficios de la venta de la edición inglesa de este libro van al centro Bizweni para niños con discapacidades en Somerset West, Sudáfrica. El trabajo que hacen para esos niños vulnerables es verdaderamente notable. Podéis encontrar todo lo que necesitéis saber aquí: www.bizwenicentre.co.za y estoy segura que cualquier ayuda extra será bienvenida.

Muchas gracias por haber elegido comprar este libro. Espero que te guste de verdad. Tengo muchas más historias cociéndose, así que ¡estate atento! Visita mi página web www.emilyhousedesign.com. O sígueme en Instagram: @emilyhouse.design para mantenerte al día.

SUPPORTING
PARTNER

BIZWENI
CENTRE
— FOR CHILDREN —
WITH DISABILITIES

IMAGNARY HOUSE